BEI GRIN MACHT SICH IHR
WISSEN BEZAHLT

Die Toolchain. Vom Programmcode bis zum ausführbaren Maschinencode

Analyse eines Embedded System auf Mikrocontroller-Basis

Bibliografische Information der Deutschen Nationalbibliothek:

Die Deutsche Nationalbibliothek verzeichnet diese Publikation in der Deutschen Nationalbibliografie; detaillierte bibliografische Daten sind im Internet über http://dnb.d-nb.de abrufbar.

ISBN: 9783346847911
Dieses Buch ist auch als E-Book erhältlich.

Das Buch bei GRIN: https://www.grin.com/document/1342196

Laborbericht

Thema 2: Tools im Embedded Systems Development Process
„Toolchain: Vom Programmcode bis zum ausführbaren Maschinencode und deren Analyse eines Embedded System auf Mikrocontroller-Basis"

Inhaltsverzeichnis

Abbildungsverzeichnis

Abkürzungsverzeichnis

ADC	Analog Digital Converter
FPGA	Field Programmable Gate Array
HAL	Hardware Abstraction Layer
HLL	High Level Language
HMI	Human Machine Interface
IDE	Intergrated Development Enviroment
ISP	In-System Programming
JTAG	Joint Test Action Group
PC	Personal Computer
PCB	Printed Circuit Board
RISC	Reduced Instruction Set Computing
SPI	Serial Peripheral Interface
SMT	Surface Mount Technology
STM	STMicroelectronics

Formelverzeichnis

1. Einleitung

Moderne Entwicklungsprozesse im Bereich der Embedded Systems erfolgen in unterschiedlichen Schritten. Je nach Unternehmensstruktur erfolgt dies nach festen Abläufen[1] oder nach Erfahrungen der Mitarbeiter. Am Anfang steht das Konzept, das Pflichtenheft oder die Idee. Im Entwicklungsprozess wird das gesetzte Ziel mittels Werkzeuge umgesetzt. Am Ende entsteht ein fertiges Produkt oder Forschungsziel. Ein Prozess sollte im kommerziellen Bereich das Ziel haben, dass daraus Wertschöpfung einher geht. In der Forschung steht der Erkenntnisgewinn im Vordergrund.

1.1   Ziel

Untersuchung der Toolchain von drei Software IDEs unter Berücksichtigung des vorhandenen Frameworks. Dazu wird ein Programmcode mit derselben Funktion auf verschiedenen Plattformen erstellt und auf verschiedenen Systemen geladen. Die Arbeit zielt auf die Implementierung von Software in eingebetteter Hardware und die dafür verwendeten Tools ab. Ein besonderer Aspekt stellt hierbei der Vorgang des Compilierens da und das assemblierte Ergebnis auf Effizienz zu analysieren bzw. zu bewerten.

1.2   Aufbau

Der erste Teil der Arbeit widmet sich der Begriffsdefinition und den Werkzeugen von Software IDEs für Embedded Systems. Im Anschluss werden die Grundlagen in der Praxis angewendet. Hierbei wird ein simples Programm compiliert. Dies erfolgt jeweils auf den Software IDEs: Arduino IDE, Microchip Studio und STM32CubeIDE. Die Assemblercodes werden im Anschluss analysiert und dienen dem darauffolgenden Kapitel als theoretische Grundlage.

Der Analyseteil befasst mit der Beurteilung der Software auf Hardwareebene.

Die Arbeit schließt mit einer Zusammenfassung, einer kritischen Reflexion und auf zukünftige Entwicklungen der Software IDEs und dessen Tool ab.

---

[1]Um z.B. eine ISO 9001 Zertifizierung zu erhalten.

2. Grundlagen

2.1 Einordnung im Software Life Cycle

Je nach Vorgehensmodell des Softwareentwicklungsprozesses ist diese Arbeit innerhalb der Implementierung einzuordnen. Bei der Implementierung der Software in die dafür vorgesehene Hardware sind Tools (ab Kapitel 2.4) von Nöten. Zudem ermöglichen diese Tools das Testen und das Validieren (vgl. [2], S. 136).

2.2 Besonderheiten von Embedded Software

Der Unterschied zwischen der Entwicklung von Software für Embedded Systems und der Entwicklung von Software für Anwendungen besteht darin, dass sich der Softwareentwickler eines Embedded Systems hinsichtlich der Hardwareressourcen mehr Gedanken machen muss bzw. eng verwoben mit der Hardwareentwicklung zusammenarbeitet. Ein Softwareentwickler für Anwendungssoftware hingegen muss sich deutlich weniger Gedanken über Hardwareressourcen machen. Meist sind auf Desktop-PCs, Laptops oder Smartphones reichlich Kapazitäten hinsichtlich Prozessorleistung und Speicher vorhanden.

2.3 Besonderheiten von Embedded Hardware

Die Hardware (sowie die Software) eines Embedded System beschränkt sich auf eine bestimmte Funktion eines technischen Systems (vgl. [6], S.11-12). Die Schwerpunkte können bei einer solchen Hardware sein:

Versorgung:

z.B. bei langlebigen batteriebetriebenen Systemen sind LowPower-Komponenten notwendig.

Funkanwendungen:

z.B. mittels PCB-Mäander-Antennen.

beschränkter verfügbarer Raum:

durch Vorgabe der Mechanik-Konstruktion. Lösung: durch Nutzen von Multilayer PCBs, Flex-Technologien und Nutzung von miniaturisierten elektronischen Komponenten.

Witterungsfestigkeit:

z.B. durch Lackieren und Vergießen der PCB [7].

2.4 Zusammenarbeit Hardware und Software

Wie bereits in Kapitel 2.2 und 2.3 angedeutet, ist eine strikte Trennung von Hardware und Software bei der Entwicklung von Embedded Systems nicht möglich (siehe Abbildung 1).

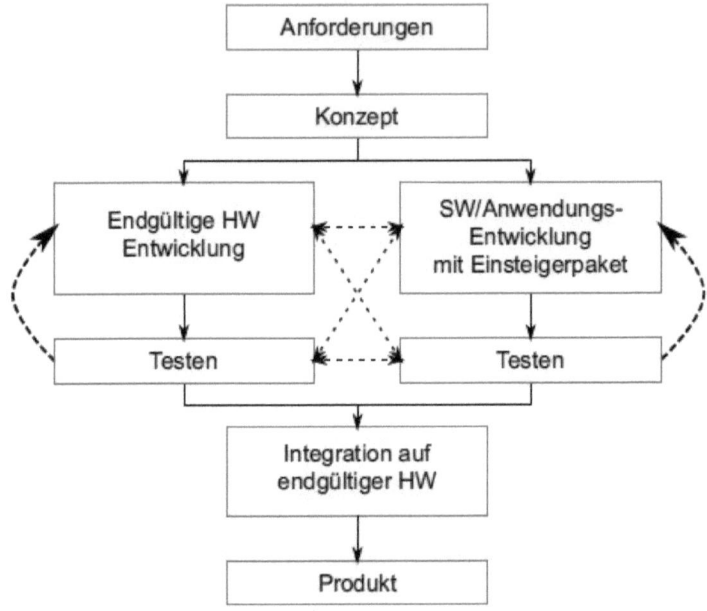

Abbildung 1: Hardware- und Softwareentwicklung ([6], S.55)

Die Softwareentwicklung kann mit Entwicklungsplatinen arbeiten, um Softwaremodule zu validieren. Die Hardwareentwicklung kann ebenfalls mit solchen Entwicklungsplatinen arbeiten, um festzustellen, ob die Softwaremodule auch mit der Hardwareperipherie funktionieren. Im Entwicklungsprozess kann so die Softwareentwicklung parallel zur Hardwareentwicklung starten. Eine Reduzierung der Entwicklungszeit wird hiermit ermöglicht. Es wird außerdem möglich Software und Hardware zu testen und zu validieren. Dies erspart vor allem in der Hardwareentwicklung immense Kosten (vgl. [6], S.54-55)

Das Ergebnis aus der Zusammenarbeit kann im ersten Schritt eines Projektes mittels eines Funktionsmuster realisiert werden. Einzelne Soft- und Hardwaremodule können auch so Schritt für Schritt validiert werden. Ein solches Funktionsmuster wird in folgender Abbildung dargestellt.

[Anmerkung der Redaktion: Abbildung 2 wurde an dieser Stelle aus urheberrechtlichen Gründen entfernt.]

2.4 Software IDE

Aufgrund der spezifizierten Hardware wird meist die IDE des Herstellers[3] vom Mikrocontroller oder FPGA verwendet. IDEs sind umfangreich mit integrierten Tools ausgestattet (siehe Abbildung 3).

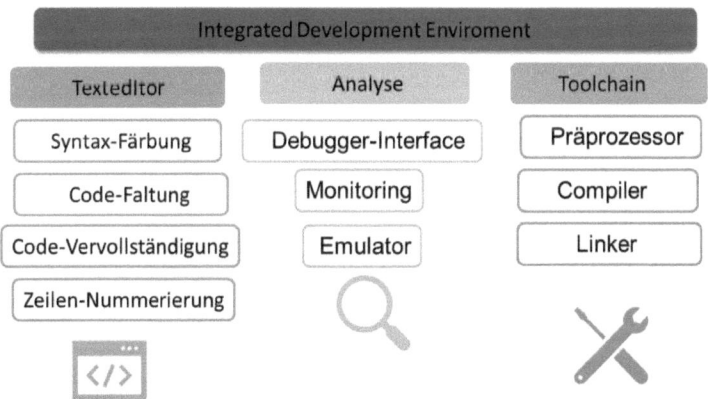

Abbildung 3: Tools innerhalb einer Software IDE für Embedded Systems

---

[3]Da diese die entsprechenden HALs & Frameworks der verschiedenen Chips integriert haben und spezifische Extrafunktionen zur Verfügung stellen.

2.3.1 Texteditor

Der Texteditor hat die Aufgabe das Programmieren zu vereinfachen. Es kommen hierbei mehrere Tools zur Anwendung. Die Visualisierungen zu den Erklärungen sind im Anhang0 zu finden.

Syntaxfärbung:

Zur besseren Erkennbarkeit von korrekt formulierter Syntax.

Code-Faltung:

Um Funktionen und dessen Code-Inhalt auf ein Minimum der Sichtbarkeit zu reduzieren.

Code-Vervollständigung:

Unterstützung um angefangene Befehle zu vollenden.

Zeilen-Nummerierung:

Ermöglicht besseren Austausch zwischen Softwareentwicklern oder um in der Dokumentation auf Zielen im Programmcode zu verweisen [8].

2.4.2 Analyse-Tools

Eine Nutzung der Analyse-Tools ist teilweise nur mit entsprechender Hardware[4] möglich.

Simulator:

Der Simulator ist ein reines Software-Werkzeug und bedarf keinerlei extra Hardware. Hiermit lässt sich die Codesequenz testen. Hardwareperipherie lässt sich nicht testen.

Debugger:

Mittels Schnittstelle und einem Debugger-Gerät lässt sich der Ziel-Mikrocontroller testen. Hierbei kommen oft Breakpoints[5], das Stepping[6] und Watchlists[7] zum Einsatz.

In-Circuit-Emulator:

Ein Emulator-Gerät[8] emuliert für das Ziel-System einen Mikrocontroller. Dies bedarf eine Adaptierung[9] um ans Zielsystem angeschlossen zu werden (vgl. [5], S.286-288).

Monitoring:

Kommt bei speziellen Anwendungen[10] zum Einsatz.

---

[4]Diese kann auf einem Entwicklungsboards integriert sein.
[5]Programmstelle wo der Debugger die Sequenz zum Stoppen bringt.
[6]Um ein Programm Schritt für Schritt durchführen.
[7]Zeigt Inhalt von Variablen an.
[8]Internetrecherche ergab: echte Emulatoren sind im Gegensatz zu Debugger- /Programmiergeräten sehr kostenintensiv.
[9]Dies gestaltet sich mit der heutigen SMT-Bauweise als schwierig.
[10]Wie z.B. das Testen Funkfrequenzen oder das Messen der Leistungsaufnahme.

2.4.3   Toolchain

Die Toolchain beinhaltet alle Tools, um aus einem mit einer HHL programmierten Code ein für den Prozessor lesbaren Maschinencode zu transformieren.

Präprozessor:

Ermöglicht das Einfügen von Bibliotheken, löst Makros auf und ermöglicht die Steuerung der Compilierung.

Compilier:

Das wichtigste Tool der Chain ist das Compilieren[11]. Hier wird der Programmode[12] in Assemblercode und anschließend in Maschinencode übersetzt.

Bezugnehmend auf Embedded Systems wird der Code nicht auf dem Zielsystem direkt compiliert, sondern wird mittels Host-System[13] programmiert, compiliert und auf das Zielsystem transfriert. Diese Art des Compilierens wird als Cross-Compilieren bezeichnet (vgl. [9], S.8).

Das Compilieren gliedert sich in folgenden zwei Strukturen der Analyse und Synthese, diese wiederum in Phasen unterteilt sind (vgl. [10] S.1-2):

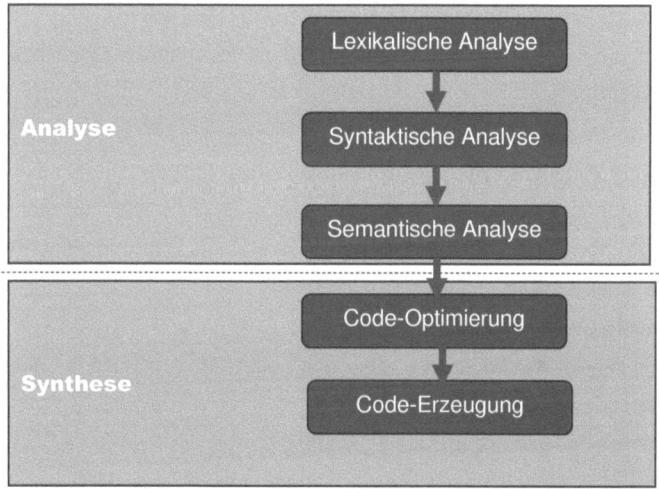

Abbildung 4: Übersetzung "Compilierung" im Detail

---

[11]Zu deutsch: Übersetzen
[12] Der mittels HHL oder Assembler programmiert wurde.
[13]Aus Komfortgründen, da die meisten Embedded Systems keinen HMI besitzen.

→*Lexikalische Analyse:*

Entfernung unnützer Inhalte[14], wie Leerzeichen, Kommentare; Zerlegt Programmcode in eine Folge von Symbolen und klassifiziert diese Symbole mittels Tokens (vgl. [2], S.652-654). Das Wort lexikalisch wird in der Sprachwissenschaft folgender Maßen definiert:

„die Untersuchung von isolierten Wörtern ohne Berücksichtigung des

Textzusammenhangs" [11]

Ein Fehler würde hier durch unbekannte Wörter entstehen, die der Compiler nicht in seinem Wortschatz innerhalb der jeweiligen Programmiersprache vorhanden ist[15].

→*Syntaktische Analyse:*

Untersuchung des Programmcodes auf syntaktische Korrektheit. Das heißt, es wird die Reihenfolge der Tokens grammatikalisch[16] überprüft. Folgt bei der Programmiersprache C z.B. Datentyp-Bezeichner auf Datentyp-Bezeichner entsteht ein Syntaxfehler. (vgl. [10], S.5-6).

→*Semantische Analyse:*

Ist eine Kontextabhängige Analyse. Hier wird die Sinnhaftigkeit der Programmcodes überprüft. Wird z.B. eine nicht vorhandene Variable verwendet, wird der Compiler in der semantischen Analyse einen Fehler ausgeben. (vgl. [10], S.6-8).

Hier endet die Analyse und der Synthese wird ein sogenannter Syntaxbaum übergeben (vgl. [2], S.139).

→ *Code-Optimierung:*

Hier wird der Programmcode maschinenunabhängig optimiert. Sprich es wird alles was nicht genutzt wird aus dem Programmcode gestrichen. Hierbei kann es sich um ungenutzte Variablen, nicht aufgerufene Funktionen oder unnötige Berechnungen innerhalb einer Schleife[17] handeln (vgl. [10], S.5).

→*Assemblercode-Erzeugung:*

Ein optionaler Zwischenschritt der aus dem Programmcode einer HHL ein Assemblercode generiert[18].

→*Assemblierung / Maschinencode-Erzeugung*

Hier wird der Assemblercode oder der Programmcode einer HHL in Maschinencode übersetzt. Hier finden des Weiteren maschinenabhängige Optimierungen statt.

---

[14]Die für die Maschine keinen Zweck erfüllen, sondern dem Softwareentwickler das Programmieren vereinfachen.
[15] Typischer Fehler ist eine falsche Schreibweise der Programmbefehle.
[16]Regeln der jeweiligen Programmiersprache.
[17]Wie z.B. eine Rechnung aus 2*2*2*2, welche zu *16 zusammengefasst wird.
[18]Angepasst für die jeweilige Hardware-Architektur des Zielprozessors.

Interpreter:

Übersetzung des Codes erfolgt Zeile für Zeile bzw. Programmabschnitt für Programmabschnit[19] sprich während der Ausführung des Programms. Für die Ausführung wird ein Hilfsmittel benötigt. Spielt bei Embedded System keine Rolle, da allein das Hilfsmittel zu viel an Hardwareressourcen benötigt (vgl. [12], S.5/25).

Linker:

Der Linker[20] fügt dem compilierten Maschinencode von mehreren Objekten und Bibliotheken zu einem lauffähigen Programm zusammen. Zwei Methoden werden hier angewendet. Das dynamische und das statische Linken. Für Embedded Systems spielt das dynamische Linken keine Rolle, da das Programm inkl. aller Module und Bibliotheken schon komplett auf das Zielsystem transfriert sein muss[21] und nicht erst noch eine Funktion oder Bibliothek dazu linken muss[22] (vgl. [2], S.140).

Schnittstelle zur Hardware mittels Programmiergerät:

Um das Cross-Compilieren zu ermöglichen bedarf es ein weiteres Hardwaretool. Ein Programmiergerät transfriert mittels typischer Schnittstellen wie JTAG, SPI, ISP, dass von der Toolchain bereitgestellte ausführbare Programm[23] auf den Programmspeicher des Ziel-Systems (Mikrocontroller).

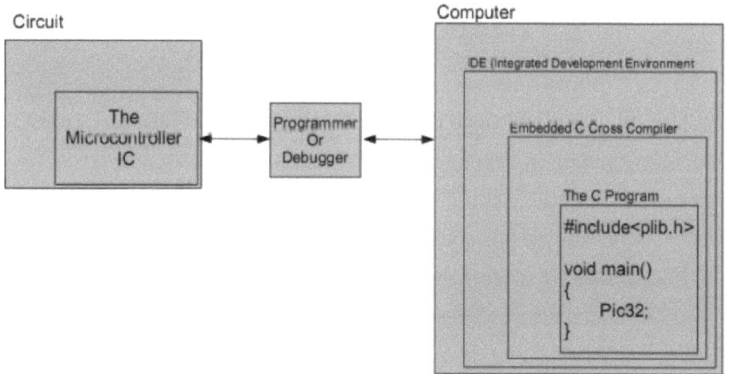

Abbildung 5: Quelle [4]

---

[19]Wird auch „Just-In-Time-Compilier" genannt.
[20]In der Literatur auch als Binder erwähnt.
[21]Das entspricht dem statischen Linken.
[22]Dies würde wie beim Interpreter aus Leistungs- und Ressourcenmangel keinen Sinn haben.
[23]Als Datei im „Executable and Linking Format"(.elf).

3. Praxis

In den nachfolgenden Unterkapiteln werden die Software IDEs: Microchip Studio, Arduino IDE und STM32CubeIDE verwendet und das compilierte Ergebnis gegenübergestellt.

Hardware:	• „BluePill" STM32F103C8T6
	• Arduino Uno mit ATmega328P
Programmiergerät:	• AVRISP mkII
	• USB-Schnittstelle mittels Arduino Bootloader
	• STLINK V2
Prüfgerät & Material:	• diverse Leitungen; Steckbrett, USB Kabel
	• Oszilloskop inkl. Messköpfe
Entwicklungsumgebung:	• STM32CubeIDE 1.9.0
	• STM32 ST-LINK Utility
	• Microchip Studio 7.0.2542 – Atmel Kits 7.0.132
	• Arduino IDE 1.8.15
Programmiersprache	• C

Es werden drei unterschiedliche Programmcodes mit derselben Funktion erstellt, compiliert und im Anschluss disassembliert[24]. Der Assembler-Code dient als Grundlage zur Berechnung der Periodenzeit (T). Die Periodenzeit wird aus der Anzahl der Maschinen-Instruktionen (A_{CODE}) und dem Frequenztakt (f_{CPU}) des Prozessors mittels Multiplikation ermittelt:

$$T = A_{CODE} * \frac{1}{f_{CPU}}$$

Formel 1: Zykluszeit

Da es sich bei beim ATmega328P und dem STM32F103C8T6 jeweils um RISC-Architekturen handelt, ist davon auszugehen, dass pro Instruktion wenige Takte benötigt werden (vgl. [2], S. 623). Um die Effizienz des Frameworks, des Compilers und der Prozessor-Architektur zu bestimmten wird eine weitere Formel genutzt. Hierbei wird die Schleifen-Zyklus-Zeit ins Verhältnis zum Prozessortakt gesetzt. Außerdem wird der Prozessortakt nochmals um 5 dividiert[25].

$$\eta_x = \frac{f_{loop}}{f_{CPU} \div 5}$$

Formel 2: Effizienz des Frameworks

---

[24]War nur bei der Arduino IDE notwendig
[25]HIGH laden, HIGH ausgeben, LOW laden, LOW ausgeben, RESET = 5 Instruktionen

3.1 Arduino IDE

Stark ausgeprägtes Framework, dass dem Programmierer viel Arbeit abnimmt. Enthält umfangreiche Bibliotheken, um Hardware einzubinden (vgl. [13] S.14). Die Arduino IDE ist im Gegensatz zu den anderen beiden IDEs auf diversen Mikrocontroller[26] anwendbar und hat daher mehr Konvertierungsschritte.

Bei den anderen beiden Software IDEs waren die Assembler-Dateien gut einsehbar. Der Build-Ordner ist mühselig im Temp-Ordner[27] zu suchen und die „.elf-Datei" muss mittels Command-Zeile disassembliert werden, um an den Assembler-Code einsehen zu können.

```
2c4:    81 e0             ldi     r24, 0x01        ; 1
2c6:    0e 94 70 00       call    0xe0      ; 0xe0 <digitalWrite.constprop.0>
2ca:    80 e0             ldi     r24, 0x00        ; 0
2cc:    0e 94 70 00       call    0xe0      ; 0xe0 <digitalWrite.constprop.0>
2d0:    20 97             sbiw    r28, 0x00        ; 0
2d2:    c1 f3             breq    .-16      ; 0x2c4 <main+0xc0>
2d4:    0e 94 00 00       call    0         ; 0x0 <__vectors>
2d8:    f5 cf             rjmp    .-22      ; 0x2c4 <main+0xc0>
```

Abbildung 6: Auszug aus Main-Funktion (Arduino IDE)

Mit dem Mnemonic „*call*" (siehe Abbildung 6) springt der Stackpointer auf die Stelle 0xe0 und ruft die digitalWrite-Funktion auf. Diese Funktion fängt bei der Speicheradresse e0 an und hört 16e auf. Das entspricht 66 Instruktionen. Da sich z.B. das Mnemonic „*ldi*", um ein Befehl handelt, der 2 Bytes benötigt, brauch der 8-Bit Prozessors vom ATmega328P entsprechend 2 Zyklen bis er den nächsten Mnemonic ausführt. Von 2c4 bis 2d8 sind es 20 Instruktionen.

Im Anhang1 bis Anhang3 sind alle notwendigen Daten und Parameter beschrieben.

$$T_{INO} = (66 * 2 + 20) * \frac{1s}{16 * 10^6} = 9{,}5 \text{ μs}$$

Formel 3: Zykluszeit Arduino IDE

Mit 9,5μs pro Schleifen-Zyklus ist das Ergebnis keineswegs effizient.

$$\eta_{INO} = \frac{105{,}26kHz}{16MHz \div 5} = 3{,}29\%$$

Formel 4: Effizienz Arduino IDE

---

[26]Von verschiedenen Herstellen.
[27]Unter Windows10

3.2 STM32CubeIDE

Der Software IDE aus dem Hause STMicroelectronics nutzt einem umfangreichen Framework für ihre STM32-Mikrocontroller. Eine Nutzung von CubeMX[28] generiert automatisch einen Code zur Initialisierung der Hardware und lässt im Vergleich das compilierte Ergebnis von 47,244 Bytes Assembler-Code riesig erscheinen. Im Anhang6 bis Anhang8 sind alle notwendigen Daten und Parameter beschrieben.

```
0800058e <HAL_GPIO_TogglePin>:
 800058e:      68c3          ldr      r3, [r0, #12]
 8000590:      ea01 0203     and.w    r2, r1, r3
 8000594:      ea21 0103     bic.w    r1, r1, r3
 8000598:      ea41 4102     orr.w    r1, r1, r2, lsl #16
 800059c:      6101          str      r1, [r0, #16]
 800059e:      4770          bx       lr
```

Abbildung 7: TogglePin-Funktion (STM32CubeIDE)

Von der Zeile 0x800058e bis zur Zeile 0x800059e entsprechen 16 Instruktionen (siehe Abbildung 7). In der Main-Funktion wird die While-Schleife von 80001e6 bis 80001f8 durchlaufen. Dies entspricht 18 weitere Instruktionen.

Ermittelte Periodenzeit der Endlos-Schleife:

$$T_{STM} = (16 + 18) * \frac{1s}{8 * 10^6} = 4,25 \ \mu s$$

Formel 5: Zykluszeit STM32CubeIDE

$$\eta_{STM} = \frac{235,29 kHz}{8MHz \div 5} = 14,70\%$$

Formel 6: Effizienz STM32CubeIDE

---

[28]Ein Tool (innerhalb der STM32CubeIDE) mit der sich die Hardware grafisch & tabellarisch konfigurieren lässt.

3.3   Microchip Studio

Microchip Studio stellt eine Software IDE für die Mikrocontroller-Familien AVR und SAM zu Verfügung.

```
82:    84 b9        out    0x04, r24        ; 4
84:    29 9a        sbi    0x05, 1 ; 5
86:    29 98        cbi    0x05, 1 ; 5
88:    fd cf        rjmp   .-6              ; 0x84 <main+0x4>
```

Abbildung 8: Auszug Main-Funktion (MicroChip-Studio)

Das compilierte Ergebnis ist mit 6 Instruktionen das effizienteste Ergebnis aus der Versuchsreihe.

$$T_{AVR} = 6 * \frac{1s}{16 * 10^6} = 375 \ ns$$

Formel 7: Zykluszeit Microchip Studio

$$\eta_{AVR} = \frac{2,66MHz}{16MHz \div 5} = 83,33\%$$

Formel 8: Effizienz Microchip Studio

Im Anhang1 und Anhang4 bis Anhang5 sind alle notwendigen Daten und Parameter beschrieben,

4. Analyse

Um die berechnete Periodenzeit der Arbeitsschleifen zu validieren, werden die Programmlaufzeiten des Zyklus mittels dem Oszilloskop TDS 2014 (Hersteller: Tektronix) gemessen.

4.1 Messergebnis blink_v1.elf (Arduino IDE)

Erwartetes Ergebnis bei ca. $f_{INO1} = 105,26kHz$

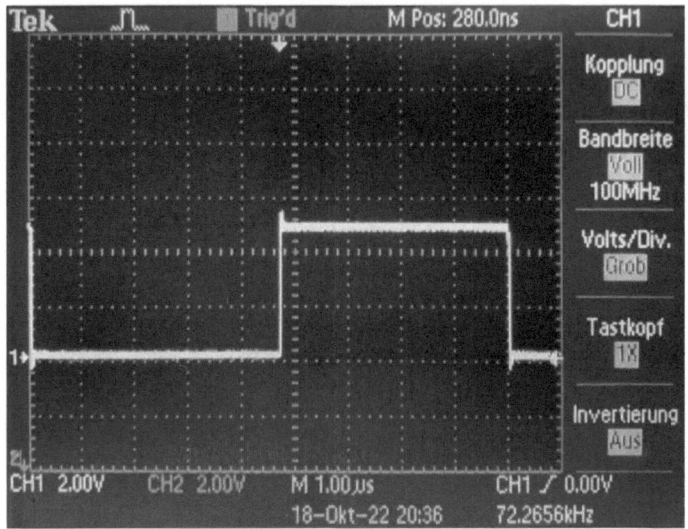

Abbildung 9: Messergebnis Arduino

Das praktische Ergebnis von 9µs (siehe Abbildung 9) kommt dem theoretischen Ergebnis von 9,5µs Zykluszeit sehr nahe. Eine Abweichung von 0,5µs ist tolerierbar und kann an mehreren Faktoren liegen wie z.B. nicht kalibriertes Oszilloskop, Arduino Uno vom nicht zertifizierten Lieferanten, menschliche Auge beim Ablesen des Graphen aber auch eine minimale Fehlkalkulation im theoretischen Teil.

Gemessenes Ergebnis bei ca. $f_{INO2} = 111,11kHz$

Abweichung:

$$\frac{f_{INO1}}{f_{INO2}} - 1 \mathrel{\hat{=}} +5,27\%$$

Formel 9: Praxis-Theorie Abweichung in Prozent /INO

Details zum Aufbau der Messschaltung: Anhang9 – Messaufbau [Arduino]

14

4.2 Messergebnis blink_v2.elf (STM32CubeIDE)

Erwartetes Ergebnis bei ca. $f_{STM1} = 235,29kHz$

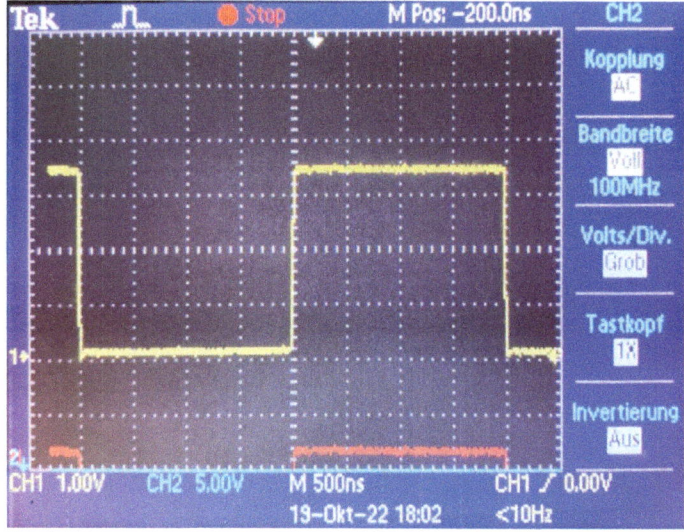

Abbildung 10: Messergebnis STM32

Das Messergebnis entspricht auch hier den Erwartungen (siehe Abbildung 10). Abweichungsfaktoren sind die Gleichen wie im Kapitel 4.1 bereits beschrieben.

Gemessenes Ergebnis bei ca. $f_{STM2} = 250,00kHz$

Abweichung:

$$\frac{f_{STM1}}{f_{STM2}} - 1 \triangleq +5,88\%$$

Formel 10: Praxis-Theorie Abweichung in Prozent /STM32

Details zum Aufbau der Messschaltung: Anhang10 – Messaufbau [STM32]

4.3 Messergebnis blink_v3.elf (MicroChip-Studio)

Erwartetes Ergebnis bei ca. $f_{AVR1} = 2,\overline{66}\,MHz$

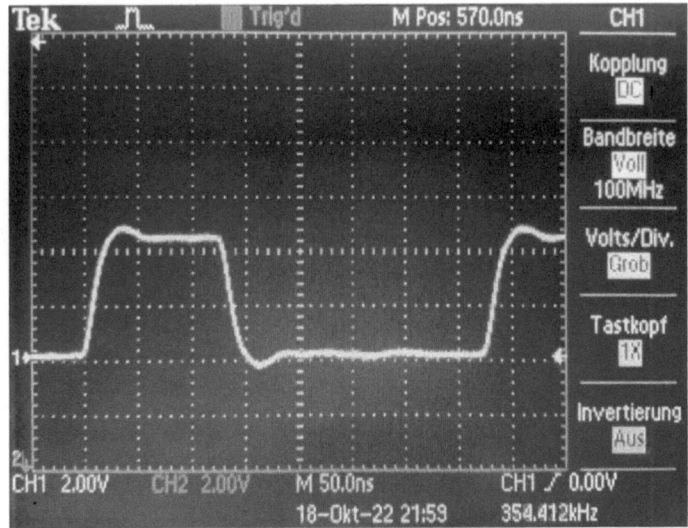

Abbildung 11: Messergebnis Microchip Studio

Die schlechten Anstiegs- und Fallzeiten sind das Ergebnis einer schlechten Leiterbahnführung bzw. des Messaufbaus über Steckbrückenkabel[29], denn bei höheren Frequenzen kommt die Impedanz zum Tragen und beeinflusst die Signale signifikant wie in Abbildung 10 zu erkennen. Als Messergebnis wurde eine Zykluszeit von 375ns abgelesen.

Gemessenes Ergebnis bei ca. $f_{AVR2} = 2,\overline{66}\,MHz$

Abweichung:

$$\frac{f_{AVR1}}{f_{AVR2}} - 1 \triangleq \mp 0\%$$

Formel 11: Praxis-Theorie Abweichung in Prozent /AVR

Details zum Aufbau der Messschaltung:

Anhang11 – Messaufbau [MicrochipStudio]

---

[29]Messleitungserweiterung für den Tastkopf des Oszilloskops.

5. Fazit und Ausblick

5.1 Zusammenfassung

In der vorliegenden Arbeit war es das Ziel die Tools im Entwicklungsprozess von Embedded Software zu erläutern und in welchem Prozessschritt diese Tools genutzt werden. Dafür wurden im Praxisteil mehrere Excutables untersucht, um festzustellen, wie effizient die jeweiligen Frameworks der Software IDEs und deren Compilier sind.

5.2 Fazit

Der Hardware-Aspekt eines Embedded System konnte in dieser Arbeit aufgrund der Seitenbeschränkung nur minimal Einzug erhalten. Dieser Aspekt bildet jedoch das Fundament für die Software.

„Ohne Hardware keine Software" [14]

Was die Software betrifft, so konnte anhand der ermittelten Effizienz gezeigt werden, dass nicht jede Software IDE entsprechende Hardware auch optimal nutzen kann. Der Analyseteil hätte unter besseren Messbedingungen ggf. noch bessere Ergebnisse gebracht. Dennoch wurden alle theoretisch berechnenden Erwartungen empirisch im Analyseteil bewiesen.

Abschließend konnte nicht vollständig geklärt werden, ob noch eine weitere maschinennahe Codeoptimierung stattfindet. Im Kapitel 4.1 und 4.2 wurde eine Verringerung der Zykluslaufzeit von ca. 5% festgestellt[30]. Weitere Messungen unter Laborbedingungen wären noch notwendig gewesen, um Fehler bzw. Tendenzen genauer einzugrenzen zu können, sodass Theorie und Praxis übereinstimmen.

5.3 Ausblick

Neue Entwicklungen aus dem Hause STM zeigen Methoden, dass das Compilieren auf einem Chip stattfinden kann. Die Mikroprozessor Serie STM32MP1 vereint die Welt der Betriebssysteme und der Welt der hardwarenahen Mikrocontroller-Programmierung. Der Prozessor ist mit zwei Kernen ausgestattet. Der Cortex-A7-Kern übernimmt dabei die Prozesse des Betriebssystems und damit auch das Cross-Compilieren[31]. Der zweite Kern Cortex-M4-Kern bildet die Mikrocontroller-Einheit [15]. Der Unterschied zwischen MicroChip-Studio und STM32CubeIDE liegen vor allem im Umfang[32]. STM32CubeIDE bietet dem Softwareentwickler reichlich neue Innovationen und Einstellungsmöglichkeiten, dass das Entwickeln von Embedded-Software vereinfachen kann. Dennoch liegt der Vorteil bei hardwarenaher Programmierung ohne viel Overhead auf der Hand: die Kosten der Hardware. Hier liegt das größte Zukunftspotential des Compiliers und dessen Code-Optimierung, um weniger spezialisierte Softwareentwickler für Embedded System gewinnen zu können.

---

[30]Kapitel 4.2 spielt wegen Messungenauigkeit keine Rolle.

[31]Ob dies noch als Cross-Compilieren bezeichnet werden kann, wenn sich der Chip mittels Dualcore selbst programmieren kann, ist Ansichtssache.

[32]Da die STM32-Mikrocontroller auch mehr Hardwareperipherie integriert haben.

Literaturverzeichnis

[1] Meroth A., Sora P.: Sensornetzwerke in Theorie und Praxis, Wiesbaden 2018

[2] Herold H., Lurz B., Wohlrab J.: Grundlagen der Informatik, 2. aktualisierte Auflage, München 2012

[3] https://www.e-lab.de/downloads/DOCs/mega328P.pdf (Zugriff am 09.10.2022)

[4] https://pranjall.com/2010/11/25/tool-chain/ (Zugriff am 09.10.2022)

[5] Klaus Wüst: Mikroprozessortechnik, 4., aktualisierte und erweiterte Auflage, Wiesbanden 2011

[6] Hüning Felix: Embedded Systems für IoT, Berlin 2019

[7] Reel E., Wachter D.: ZED-Level I – Grundlagenkurs Leiterplattendesign in Theorie und Praxis, Berlin 2022

[8] https://www.sam-solutions.com/blog/top-ten-embedded-software-development-tools/ (Zugriff am 12.10.2022)

[9] Slomka Frank, Embedded Software Design – Implementierung eingebetteter Systeme, AKAD-Studienbrief, o.O., o.J.

[10] Wilhelm R., Seidl H., Hack S., Übersetzerbau Band 2: Syntaktische und semantische Analyse, Berlin/Heidelberg 2012

[11] https://universal_lexikon.de-academic.com/100914/lexikalisch (Zugriff am 14.10.2022)

[12] o.V.: Friedrich Tabellenbuch Elektrotechnik/Elektronik, 584. Auflage, Bildungsverlag EINS (Hrsg.), Wolf Machon, Köln 2012

[13] Sommer, Ulli: Arduino™ Mikrocontroller-Programmierung mit Arduino™/Freeduino, Haar bei München 2013

[14] https://de.openparliament.tv/media/DE-0190222040?q=Tropfen%20hei%C3%9Fen%20Stein&t=46.160 (Zugriff am 21.10.2022)

[15] https://www.st.com/en/microcontrollers-microprocessors/stm32mp1-series.html#overview (Zugriff am 21.10.2022)

Anhang

Anhangsverzeichnis

Anhang0 – Texteditor: STM32CubeIDE

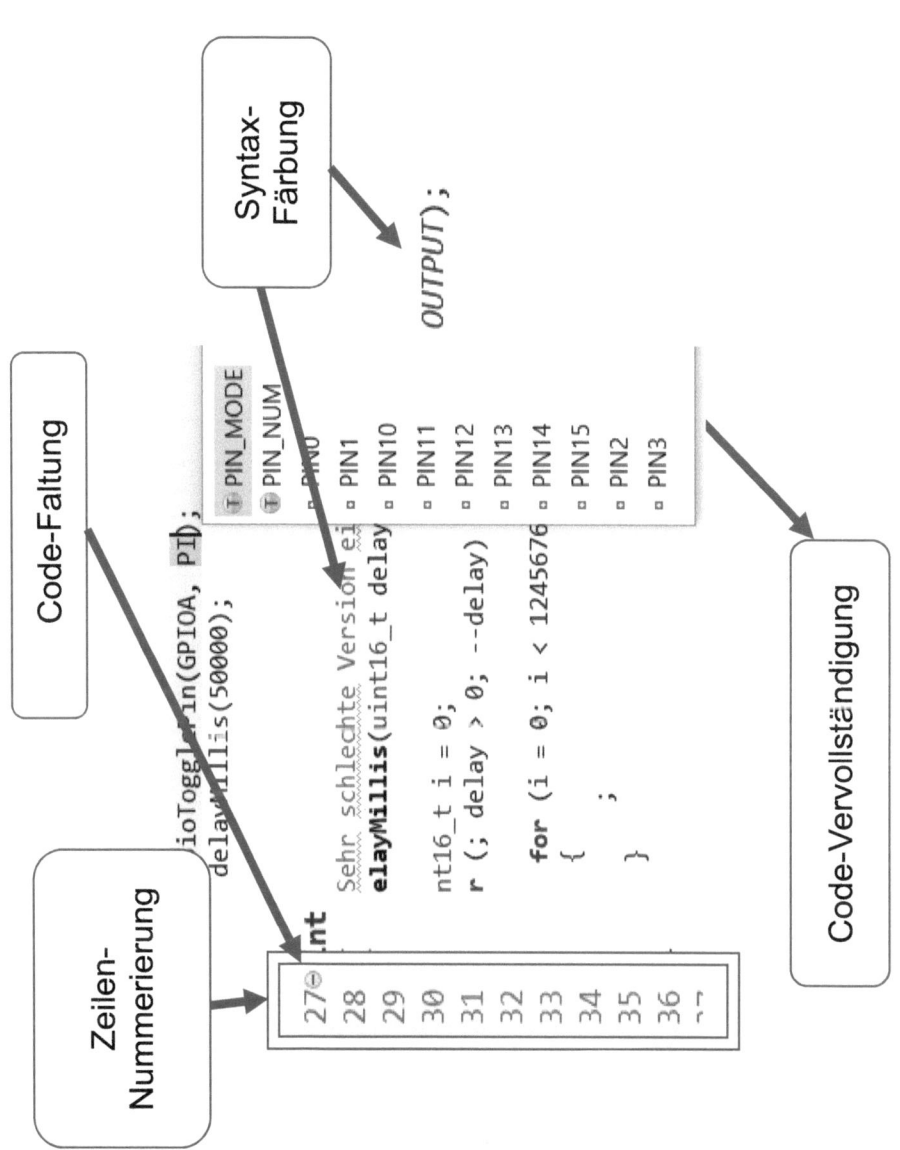

Anhang1 – HW: Arduino Uno - ATmega328P
Quelle [3]

[Anmerkung der Redaktion: Diese Grafik wurde aus urheberrechtlichen Gründen entfernt.]

Zusammenfassung

Mikroprozessor-Takt:	16MHz (max. 20MHz)
Mikroprozessor-Architektur:	AVR® enhanced RISC
Programmspeicher:	32 kB
Datenbusweite:	8 bit
ADC-Auflösung:	10 bit
RAM:	2 kB

16 MHz Quarz

ISP-Schnittstelle

Foto: Arduino Uno; Quelle: der Autor

Anhang2 – SW: Arduino [C]

blink_v1.ino

```
blink_v1
 1 /* !
 2 \file      blink_v1.ino
 3 \brief     Blinken \n
 4            assembler_data: disassembly_INO.txt\n
 5            \n
 6 \see       Ardiuno-Framework & arduino.avr-gcc=7.3.0
 7 \chip  ATmega328P
 8 \author    Robin Haufe
 9 \version   1.0
10 */
11 void setup() {
12   pinMode(10, OUTPUT);
13 }
14
15 void loop() {
16   digitalWrite(10, HIGH);
17   digitalWrite (10, LOW);
18 }
```

Anhang3 – SW: Arduino [Assembler]

blink_v1_INO.lss [11.469 Bytes]

83 Zeilen an Assembler-Code innerhalb der Main-Funktion

Disassemblierung mittels Command-Zeile → „README_DISASSEMBLER_INO.txt"

```
00000204 <main>:
 204:   78 94          sei
 206:   84 b5          in      r24, 0x24       ; 36
 208:   82 60          ori     r24, 0x02       ; 2
 20a:   84 bd          out     0x24, r24       ; 36
 20c:   84 b5          in      r24, 0x24       ; 36
 20e:   81 60          ori     r24, 0x01       ; 1
 210:   84 bd          out     0x24, r24       ; 36
 212:   85 b5          in      r24, 0x25       ; 37
 214:   82 60          ori     r24, 0x02       ; 2
 216:   85 bd          out     0x25, r24       ; 37
 218:   85 b5          in      r24, 0x25       ; 37
 21a:   81 60          ori     r24, 0x01       ; 1
 21c:   85 bd          out     0x25, r24       ; 37
 21e:   80 91 6e 00    lds     r24, 0x006E
 222:   81 60          ori     r24, 0x01       ; 1
 224:   80 93 6e 00    sts     0x006E, r24
 228:   10 92 81 00    sts     0x0081, r1
 22c:   80 91 81 00    lds     r24, 0x0081
 230:   82 60          ori     r24, 0x02       ; 2
 232:   80 93 81 00    sts     0x0081, r24
 236:   80 91 81 00    lds     r24, 0x0081
 23a:   81 60          ori     r24, 0x01       ; 1
 23c:   80 93 81 00    sts     0x0081, r24
 240:   80 91 80 00    lds     r24, 0x0080
 244:   81 60          ori     r24, 0x01       ; 1
 246:   80 93 80 00    sts     0x0080, r24
 24a:   80 91 b1 00    lds     r24, 0x00B1
 24e:   84 60          ori     r24, 0x04       ; 4
 250:   80 93 b1 00    sts     0x00B1, r24
 254:   80 91 b0 00    lds     r24, 0x00B0
 258:   81 60          ori     r24, 0x01       ; 1
 25a:   80 93 b0 00    sts     0x00B0, r24
 25e:   80 91 7a 00    lds     r24, 0x007A
 262:   84 60          ori     r24, 0x04       ; 4
 264:   80 93 7a 00    sts     0x007A, r24
 268:   80 91 7a 00    lds     r24, 0x007A
 26c:   82 60          ori     r24, 0x02       ; 2
 26e:   80 93 7a 00    sts     0x007A, r24
 272:   80 91 7a 00    lds     r24, 0x007A
 276:   81 60          ori     r24, 0x01       ; 1
 278:   80 93 7a 00    sts     0x007A, r24
 27c:   80 91 7a 00    lds     r24, 0x007A
 280:   80 68          ori     r24, 0x80       ; 128
 282:   80 93 7a 00    sts     0x007A, r24
 286:   10 92 c1 00    sts     0x00C1, r1
 28a:   ea e9          ldi     r30, 0x9A       ; 154
 28c:   f0 e0          ldi     r31, 0x00       ; 0
```

```
28e:    24 91           lpm     r18, Z+
290:    e6 e8           ldi     r30, 0x86       ; 134
292:    f0 e0           ldi     r31, 0x00       ; 0
294:    84 91           lpm     r24, Z+
296:    88 23           and     r24, r24
298:    99 f0           breq    .+38            ; 0x2c0 <main+0xbc>
29a:    90 e0           ldi     r25, 0x00       ; 0
29c:    88 0f           add     r24, r24
29e:    99 1f           adc     r25, r25
2a0:    fc 01           movw    r30, r24
2a2:    e8 59           subi    r30, 0x98       ; 152
2a4:    ff 4f           sbci    r31, 0xFF       ; 255
2a6:    a5 91           lpm     r26, Z+
2a8:    b4 91           lpm     r27, Z+
2aa:    fc 01           movw    r30, r24
2ac:    ee 58           subi    r30, 0x8E       ; 142
2ae:    ff 4f           sbci    r31, 0xFF       ; 255
2b0:    85 91           lpm     r24, Z+
2b2:    94 91           lpm     r25, Z+
2b4:    8f b7           in      r24, 0x3f       ; 63
2b6:    f8 94           cli
2b8:    ec 91           ld      r30, X
2ba:    e2 2b           or      r30, r18
2bc:    ec 93           st      X, r30
2be:    8f bf           out     0x3f, r24       ; 63
2c0:    c0 e0           ldi     r28, 0x00       ; 0
2c2:    d0 e0           ldi     r29, 0x00       ; 0
2c4:    81 e0           ldi     r24, 0x01       ; 1
2c6:    0e 94 70 00     call    0xe0            ; 0xe0 <digitalWrite.constprop.0>
2ca:    80 e0           ldi     r24, 0x00       ; 0
2cc:    0e 94 70 00     call    0xe0            ; 0xe0 <digitalWrite.constprop.0>
2d0:    20 97           sbiw    r28, 0x00       ; 0
2d2:    c1 f3           breq    .-16            ; 0x2c4 <main+0xc0>
2d4:    0e 94 00 00     call    0               ; 0x0 <__vectors>
2d8:    f5 cf           rjmp    .-22            ; 0x2c4 <main+0xc0>
```

Anhang4 – SW: AVR - MicrochipStudio [C]

blink_v3.cproj

main.c

```c
/* !
\file    main.c
\brief   Blinken \n
         assembler_data: blink_v3.lss\n
         \n
\see     AVR-Framework & AVR/GNU C Compiler : 5.4.0
\chip    ATmega328P
\author  Robin Haufe
\version 3.0
*/

/* Arduino Digital.Pin10 entspricht AVR.PinPB2 */
#include <avr/io.h>

int main(void)
{
    DDRB |= (1<<DDB2); // Konfiguriere Bank B auf den Wert 0x02 --> PB2 als Ausgang

    while (1)
    {
        PORTB |= (1<<PINB2);
        PORTB &= ~(1<<PINB2);
    }
}
```

Anhang5 – SW: AVR - MicrochipStudio [Assembler]

blink_v3_AVR.lss [3.247 Bytes]

6 Zeilen an Assembler-Code innerhalb der Main-Funktion

```
00000080 <main>:
  80:    82 e0    ldi    r24, 0x02    ; 2
  82:    84 b9    out    0x04, r24    ; 4
  84:    29 9a    sbi    0x05, 1      ; 5
  86:    29 98    cbi    0x05, 1      ; 5
  88:    fd cf    rjmp   .-6          ; 0x84 <main+0x4>
```

Anhang6 – HW: „*Blue-Pill*" – STM32F103C8T6

[Anmerkung der Redaktion: Diese Grafik musste aus urheberrechtlichen Gründen entfernt werden.]

Zusammenfassung

Mikroprozessor-Takt:	bis zu 72MHz (auf der Blue Pill 8MHz)
Mikroprozessor-Architektur:	Arm® Cortex®-M3 32-bit RISC core
Programmspeicher:	64 kB
Datenbusweite:	32 bit
ADC-Auflösung:	12 bit
RAM:	20 kB

Foto: BluePill und ST-Link V2 ; Quelle: der Autor

Anhang7 – SW: STM32 – STM32CubeIDE [C]

.cproject

STM32F103C8T6_blin
    k.v2.pdf

```
87    while (1)
88    {
89      /* USER CODE END WHILE */
90
91      /* USER CODE BEGIN 3 */
92        HAL_GPIO_TogglePin(GPIOC, GPIO_PIN_13);
93
94    }
```

Anhang8 – SW: STM32 – STM32CubeIDE [Assembler]

blink_v2_STM32.list [47.244 Bytes]

6 Zeilen an Assembler-Code innerhalb der TogglePin-Funktion

8 Zeilen an Assembler-Code innerhalb der While-Schleife

```
0800058e <HAL_GPIO_TogglePin>:

800058e:     68c3          ldr       r3, [r0, #12]

8000590:     ea01 0203     and.w     r2, r1, r3

8000594:     ea21 0103     bic.w     r1, r1, r3

8000598:     ea41 4102     orr.w     r1, r1, r2, lsl #16

800059c:     6101          str       r1, [r0, #16]

800059e:     4770          bx        lr



80001e6:     4c04          ldr       r4, [pc, #16]      ; (80001f8 <main+0x5c>)

80001e8:     2104          movs      r1, #4

80001ea:     4620          mov       r0, r4

80001ec:     f000 f9cf     bl        800058e <HAL_GPIO_TogglePin>

80001f0:     e7fa          b.n       80001e8 <main+0x4c>

80001f2:     bf00          nop

80001f4:     40021000      .word     0x40021000

80001f8:     40010c00      .word     0x40010c00
```

Anhang9 – Messaufbau [Arduino]

Messgerät: TDS 2014 von Tektronix

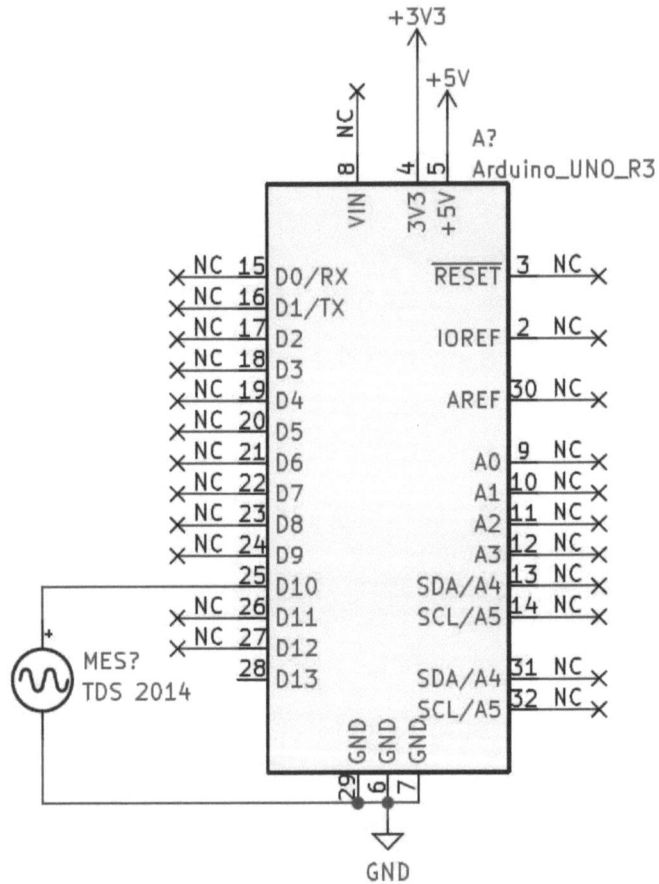

Schaltplan: Arduino Uno; Erstellt mit: KiCad

Anhang10 – Messaufbau [STM32]

Messgerät: TDS 2014 von Tektronix

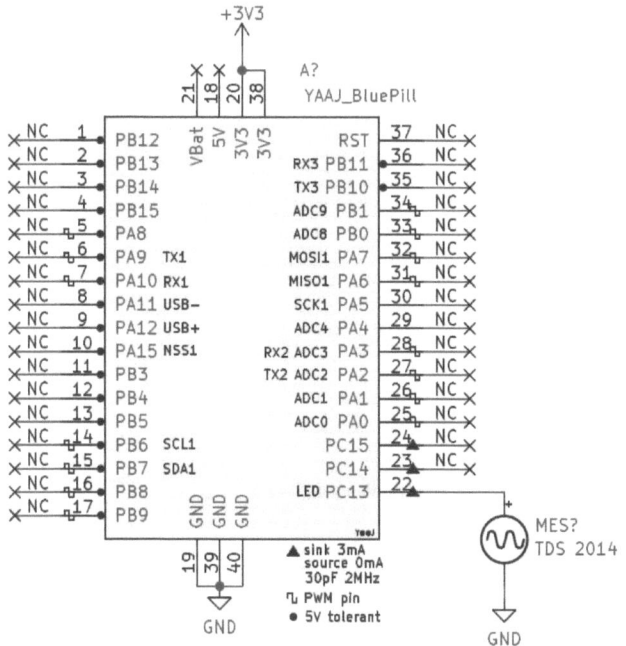

Schaltplan: „BluePill"; Erstellt mit: KiCad

Anhang11 – Messaufbau [MicrochipStudio]

Für Messaufbau siehe Anhang 9

Zusätzlich wird ein AVRISP mkII gebraucht, da der Mikrocontroller nun ohne Bootloader programmiert wird. Dieses Programmiergerät wird an die ISP-Schnittstelle des Arduino Uno-Boards gesteckt.

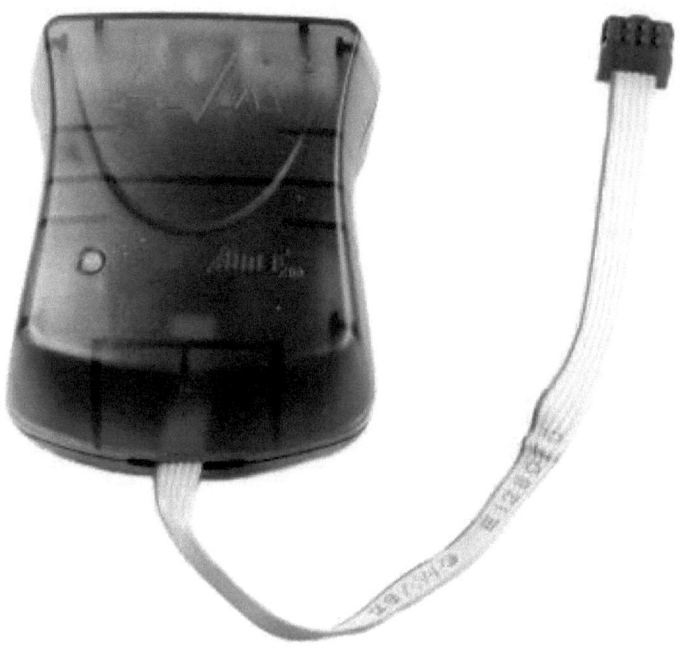

Foto: AVRISP mkII; Quelle: shop.myavr.de

BEI GRIN MACHT SICH IHR WISSEN BEZAHLT

- Wir veröffentlichen Ihre Hausarbeit, Bachelor- und Masterarbeit

- Ihr eigenes eBook und Buch - weltweit in allen wichtigen Shops

- Verdienen Sie an jedem Verkauf

Jetzt bei www.GRIN.com hochladen und kostenlos publizieren